Fruchtige Salate

100 köstliche Salat-Rezepte mit und ohne Früchte(n)

Sina Flaiz

Salate mit und ohne Früchte(n)

Salate mit und ohne Früchte(n) 1

1. Apfel-Avocado-Salat mit Honig-Balsamico-Dressing 2

2. Apfel-Spainat-Salat mit Couscous und Pfirsichen 3

3. Apfel-Weintrauben-Salat mit Mandarinen 4

4. Apfel-Weißkohl-Salat mit Crème fraiche 5

5. Ananas-Bulgur-Salal mit Minze und Zwiebeln 6

6. Ananas-Gurken-Salat 7

7. Avocado-Blutorangen-Salat 8

8. Avocado-Chili-Salat mit Nudeln 9

9. Avocadosalat mit cremigen Rote-Beete-Dressing 10

10. Avocadosalat mit Kokos-Dressing 11

11. Beeren-Joghurt-Salat 12

12. Beeren-Kiwi-Salat mit Vanille-Pudding 13

13. Beerensalat mit Chia-Kokos-Creme 14

14. Birnen-Rucola-Salat mit Pistazien 15

15. Bohnen-Avocado-Salat 16

16. Bohnen-Nudel-Salat mit Pinienkerne 17

17. Bohnensalat (scharf) 18

18. Bohnen-Walnuss-Salat 19

19. Brokkoli-Apfel-Salat 20

20. Brombeeren-Apfel-Salat 21

21. Brombeeren-Grapefruit-Salat.................................22

22. Bulgur-Crème-Salat mit frischen Kräutern.............23

23. Bulgur-Salat mit Koriander-Pesto.........................24

24. Bulgur-Zwiebel-Salat (scharf)................................25

25. Bunte Früchte-Spieße...26

26. Couscoussalat...27

27. Couscoussalat-Erdbeeren-Salat mit Honig.............28

28. Drachenfrucht-Salat..29

29. Erdbeer-Ananas-Salat..30

30. Erdbeeren-Bananen-Salat mit Maracuja-Kokos-Dressing..31

31. Erdbeer-Joghurt-Salat mit geraspelter Schokolade...32

32. Erdbeeren-Spinat-Salat mit Kokos-Dressing..........33

33. Exotischer Obstsalat..34

34. Fenchelsalat...35

35. Früchte-Bulgur-Salat...36

36. Früchte-Mascarpone-Salat...................................37

37. Früchte-Salat mit Zitrone-Minze...........................38

38. Fruchtiger Frühlingssalat......................................39

39. Fruchtiger Quinoa-Salat mit Kokos-Minz-Dressing..40

40. Fruchtiger Spinatsalat mit Granatapfel...................41

41. Fruchtiger Weintraubensalat 42

42. Gemischter Salat mit Kokos-Pesto 43

43. Gemischter Salat mit meditteraner Kräuter-Sauce (klassisch) 44

44. Grüner Salat mit Avocado-Joghurt-Dressing 45

45. Grüner Salat mit Mais 46

46. Hirten-Bohnen-Salat (scharf) 47

47. Hirtensalat mit Bulgur und frischer Minze 48

48. Kaki-Beeren-Salat mit frischer Minze 49

49. Kartoffelsalat mit Fetakäse und getrockneten Tomaten 50

50. Kiwi-Beeren-Salat 51

51. Mandarinen-Quark-Salat mit Weintrauben 52

52. Mandarinen-Weintrauben-Salat mit Mandarinen-Creme 53

53. Mango-Papaya-Salat mit Erdbeeren 54

54. Mango-Papaya-Salat mit getrockneten Cranberries 55

55. Melonen-Ananas-Salat 56

56. Nudel-Couscous-Salat 57

57. Nudel-Feta-Salat 58

58. Nudel-Tomaten-Salat mit frischen Kräutern 59

59. Nudel-Tomaten-Salat mit Pesto-Sauce 60

60. Obstsalat im Glas mit Chia-Pudding 61

61. Obstsalat mit Vanillesauce 62

62. Orangen-Aprikosen-Salat mit Feigen 63

63. Orangen-Bulgur-Salat mit frischer Minze 64

64. Orangen-Mango-Salat mit frischer Minze 65

65. Orangen-Schalotten-Salat 66

66. Orientalischer Spinatsalat mit gehackten
Mandeln 67

67. Petersiliensalat mit Tomaten-Bulgur 68

68. Pfirsich-Erdbeeren-Salat 69

69. Quinoa-Avocado-Salat mit Birnen und
Granatapfelkernen 70

70. Quinoa-Petersilien-Salat mit Koriander 71

71. Quino-Tofu-Salat mit Pinienkerne 72

72. Raviolisalat 73

73. Regenbogen-Salat 74

74. Römer-Brot-Salat 75

75. Rote-Beete-Salat mit Bulgur und Knoblauch-
Dressing (würzig/scharf) 76

76. Rucola-Avocado-Salat mit Ricotta Käse 77

77. Rucola-Kürbis-Salat mit Ingwer-Dressing 78

78. Scharfer-Bohnen-Nudel-Salat 79

79. Scharfer Kartoffelsalat 80

80. Scharfer Römersalat 81

81. Schneller Ananas-Römer-Salat 82

82. Schneller-Nudel-Spinat-Salat 83

83. Spargel-Avocado-Salat 84

84. Spargel-Erdbeer-Salat 85

85. Spinat-Dattel-Salat mit Quinoa (scharf) 86

86. Spinat-Feta-Salat mit Oliven und getrockneten Tomaten 87

87. Spinat-Nudelsalat mit Mandarinen 88

88. Spritziger Frühlingssalat 89

89. Süßer Maissalat 90

90. Süßer Möhrensalat 91

91. Süßer Sauerkrautsalat mit Kichererbsen 92

92. Süßer Zwiebelsalat 93

93. Tomatensalat (scharf) 94

94. Weintrauben-Salat mit Kiwis 95

95. Winterlicher Brotsalat 96

96. Winterlicher Kürbissalat 97

97. Zuckersüßer Obstsalat 98

98. Zweierlei Melonensalat 99

99. Zweierlei Spargelsalat mit Mangos 100

100. Zwiebel-Organgen-Salat mit Fenchel 101

Salate mit
und
ohne Früchte(n)

1. Apfel-Avocado-Salat mit Honig-Balsamico-Dressing

Portionen: 4-6 Personen

Zutaten:

- 4 rote Äpfel
- 6 Avocados

- 2 Frühlingszwiebeln
- 2 Schalotten

Für das Dressing:

- 3 EL Honig
- 3 EL Balsamico
- 2 TL Senf

- 200ml Olivenöl
- Salz und Pfeffer

Zubereitung:

1. Zuerst die Roten Äpfel waschen, entkernen und in kleine Würfel schneiden.
2. Die Avocados ebenfalls entkernen und das Fruchtfleisch würfeln.
3. Nun die Frühlingszwiebeln schälen, waschen und in feine Röllchen schneiden.
4. Danach die Schalotten schälen, halbieren und in feine Streifen schneiden.
5. Für das Dressing werden alle oben genannten Zutaten miteinander vermischt.
6. Zum Schluss alle Zutaten in eine Schüssel geben, umrühren und servieren.

2. Apfel-Spinat-Salat mit Couscous und Pfirsichen

Portionen: 4-6 Personen

Zutaten:

- 4 rote oder grüne Äpfel
- 2 Packungen Babyspinat
- 2 Tassen feiner Couscous
- 2 große Dosen Pfirsiche
- Saft aus einer Zitrone

Zubereitung:

1. Als Erstes den Couscous, mit etwa 100ml Wasser vermischen und aufquellen lassen.
2. Nun die Pfirsiche durch ein Sieb geben, dabei das Fruchtwasser auffangen und in Scheiben schneiden.
3. Die Äpfel waschen, entkernen und in Stücke schneiden.
4. Anschließend den Spinat waschen und putzen.
5. Alle Zutaten in eine Schüssel geben und umrühren.
6. Pfirsich- und Zitronensaft hinzufügen und servieren.

3. Apfel-Weintrauben-Salat mit Mandarinen

Portionen: 4-6 Personen

Zutaten:

- 5 rote Äpfel
- 200 g helle Weintrauben
- 2EL-Chia Samen (optional)

- 2 Dosen Mandarinen
- Saft einer halben Zitrone

Zubereitung:

1. Als Erstes die Mandarinen durch ein Sieb geben und dabei das Fruchtwasser auffangen.
2. Weintrauben waschen und halbieren.
3. Nun die Äpfel waschen, entkernen und in Stücke schneiden.
4. Alle Zutaten in eine Schüssel geben und umrühren.
5. Zitronen- und Mandarinensaft hinzufügen und servieren.

4. Apfel-Weißkohl-Salat mit Creme fraiche

Portionen: 4-6 Personen

Zutaten:

- 1 Weißkohlkopf
- 4 rote Äpfel
- 1 Strunk helle Weintrauben
- 200 g Frischkäse (Exquisa oder Philadelphia)

- 250 g Creme fraiche
- 50 ml Buttermilch
- Salz und Pfeffer

Zubereitung:

1. Zuerst den Weißkohl putzen und mit einer Reibe fein zerkleinern.
2. Die Äpfel waschen, entkernen und in Stücke schneiden.
3. Nun die Weintrauben ebenfalls waschen, vom Strunk entfernen und halbieren.
4. Frischkäse, Creme fraiche und Buttermilch vorab miteinander vermengen und sehr gründlich umrühren.
5. Alle Zutaten in eine Schüssel geben und umrühren.
6. Zum Schluss kräftig würzen und servieren.

5. Ananas-Bulgur-Salat mit Minze und Zwiebeln

Portionen: 4-6 Personen

Zutaten:

- 1 große Ananas
- 2 Tassen feiner Bulgur
- 150 ml Wasser für den Bulgur
- 1 kleines Bund frische Minze
- 3 Zwiebeln
- 3 EL Agavendicksaft
- 1 Tasse Wasser für das Dressing
- Salz und Pfeffer

Zubereitung:

1. Zuerst den Bulgur waschen, mit Wasser vermengen und für etwa 15 Minuten quellen lassen.
2. Die Ananas schälen, putzen und in Würfel schneiden.
3. Nun die Minze waschen und grob hacken.
4. Die Zwiebeln schälen und würfeln.
5. Anschließend alle Zutaten miteinander vermengen und umrühren.
6. Zum Schluss abschmecken und servieren.

6. Ananas-Gurken-Salat

Portionen: 4-6 Personen

Zutaten:

- 1 Ananas
- 2 Salatgurken
- 1 Schalotte
- 400 g Fleischtomaten
- 1 Schuss Olivenöl oder Rapsöl
- Salz und Pfeffer

Zubereitung:

1. Als Erstes die Ananas schälen, putzen und in Würfel schneiden.
2. Die Salatgurke ebenfalls schälen, waschen, längs halbieren und in Stücke schneiden.
3. Nun die Schalotte schälen und fein würfeln.
4. Anschließend die Tomaten waschen, vom Strunk entfernen und in kleine Würfel schneiden.
5. Alle Zutaten in eine Schüssel geben und umrühren.
6. Zum Schluss Öl hinzufügen, gut würzen und servieren.

7. Avocado-Blutorangen-Salat

Portionen: 4-6 Personen

Zutaten:

- 5 Avocados
- 5 Blutorangen
- Saft aus einer Limette
- 2 EL Agavendicksaft

Zubereitung:

1. Zuerst die Avocados halbieren, entkernen und das Fruchtfleisch in Stücke schneiden.
2. Nun die Blutorangen schälen und filetieren.
3. Alle Zutaten in eine Schüssel geben und umrühren.
4. Limetten- und Agavendicksaft hinzufügen und servieren.

8. Avocado-Chili-Salat mit Nudeln

Portionen: 4-6 Personen

Zutaten:

- 1 Packung Spiralnudeln
- 6 Avocados
- 1 Chilischote

- 2 Zwiebeln
- 1 Schuss Olivenöl
- Salz und Pfeffer

Zubereitung:

1. Zuerst die Nudeln in Salzwasser gar kochen und abkühlen lassen.
2. Die Avocados entkernen und das Fruchtfleisch würfeln.
3. Nun die Chilischote waschen, entkernen und fein hacken.
4. Zwiebeln schälen, halbieren und in Streifen schneiden.
5. Zum Schluss alle Zutaten miteinander vermischen und servieren.

9. Avocadosalat mit cremigem Rote-Beete-Dressing

Portionen: 4-6 Personen

Zutaten:

- 6 Avocados
- 3 Zwiebeln

- 1 Handvoll Walnüsse

Für das Dressing:

- 3 Rote Beete Knollen (vorgekocht)
- 500 g Naturjoghurt

- 2 EL Agavendicksaft
- Salz und Pfeffer

Zubereitung:

1. Zuerst die Avocados entkernen und das Fruchtfleisch würfeln.
2. Nun die Zwiebeln schälen, halbieren und feine Streifen schneiden.
3. Anschließend die Walnüsse grob hacken.
4. Für das Dressing werden Rote Beete, Joghurt, Agavendicksaft, Salz und Pfeffer in einen Mixer gegeben und fein püriert.
5. Zum Schluss alle Zutaten miteinander vermengen, umrühren und servieren.

10. Avocadosalat mit Kokos-Dressing

Portionen: 4-6 Personen

Zutaten:

- 8 Avocados
- 4 Schalotten

- 2 gelbe Paprikaschoten
- 3 EL Granatapfelkerne

Für das Dressing:

- 200 ml Speiseöl
- 3 TL Kokosöl

- 2 EL Agavendicksaft
- Salz und Pfeffer

Zubereitung:

1. Zuerst die Avocados entkernen und das Fruchtfleisch würfeln.
2. Die Schalotten schälen und in Ringe schneiden.
3. Anschließend die Paprikaschoten waschen, entkernen und in schmale Streifen schneiden.
4. Für das Dressing alle oben genannten Zutaten vermischen und umrühren.
5. Zum Schluss alle Zutaten miteinander vermischen, erneut umrühren und servieren.

11. Beeren-Joghurt-Salat

Portionen: 4-6 Personen

Zutaten:

- 500 g Erdbeeren
- 250 g Heidelbeeren
- 250 g Brombeeren
- 4 Bananen
- 200g Quark
- 250 g Naturjoghurt

- 50 g Creme fraiche
- Saft einer halben Zitrone
- 1 Päckchen Vanillin-Zucker
- 2 EL Honig oder Agavendicksaft (alternativ auch Zucker)

Zubereitung:

1. Als Erstes die Erdbeeren waschen, den Strunk entfernen und halbieren.
2. Brombeeren und Heidelbeeren waschen und verlesen.
3. Nun die Bananen schälen und in dünne Scheiben schneiden.
4. Quark, Joghurt und Creme fraiche miteinander vermischen und cremig rühren.
5. Zitronensaft, Agavendicksaft und Vanillin zur Creme und erneut gut umrühren.
6. Alle Zutaten in eine große Salatschüssel geben, erneut umrühren und sofort servieren.

12. Beeren-Kiwi-Salat mit Vanille-Pudding

Portionen: 4-6 Personen

Zutaten:

- 500 g Vanille-Pudding
- 500 g Erdbeeren
- 300 g Heidelbeeren
- 300 g Brombeeren
- 5 Kiwis
- etwas Milch (optional)

Zubereitung:

1. Zuerst den Vanille-Pudding zubereiten und komplett erkalten lassen.
2. In der Zwischenzeit die Erdbeeren waschen, vom Strunk entfernen und vierteln.
3. Heidelbeeren und Brombeeren waschen und verlesen.
4. Nun die Kiwis schälen, waschen und in grobe Würfel schneiden.
5. Das Obst in eine Schüssel geben und umrühren.
6. Den kalten Pudding hinzufügen, erneut umrühren und servieren.

13. Beerensalat mit Chia-Kokos-Creme

Portionen: 4-6 Personen

Zutaten:

- 300 g Himbeeren
- 300 g Brombeeren
- 400 g Erdbeeren
- 150 g Heidelbeeren

- 6 EL Chia-Samen
- 500 ml Kokosmilch
- 2 EL Agavendicksaft

Zubereitung:

1. Als Erstes Chia-Samen, Kokosmilch und Agavendicksaft in eine Schüssel geben und für etwa 1-1,5 Stunden kalt stellen, so dass sich eine cremige Konsistenz gebildet hat.
2. In der Zwischenzeit die Erdbeeren waschen, vom Strunk entfernen und in Scheiben schneiden.
3. Himbeeren, Brombeeren und Heidelbeeren waschen und verlesen.
4. Das Obst nun in eine Schüssel geben und umrühren.
5. Zum Schluss Chia-Creme hinzufügen, nochmals verrühren und servieren.

14. Birnen-Rucola-Salat mit Pistazien

Portionen: 4-6 Personen

Zutaten:

- 8 Birnen
- 4 Aprikosen
- 500g Rucola
- 1 Handvoll Pistazien (geschält)

- 1 Schuss Speiseöl
- 2 Schalotten
- Salz und Pfeffer

Zubereitung:

1. Als Erstes Rucola waschen und putzen.
2. Birnen waschen, entkernen und in kleine Würfel schneiden.
3. Nun die Aprikosen waschen, entkernen und grob hacken.
4. Die Schalotten schälen, halbieren und in Ringe schneiden.
5. Anschließend die Pistazien grob hacken.
6. Alle Zutaten in eine Schüssel geben und umrühren.
7. Zum Schluss abschmecken und servieren.

15. Bohnen-Avocado-Salat

Portionen: 4-6 Personen

Zutaten:

- 5 Avocados
- 1 Dose Kidneybohnen
- 1 Dose Mais
- 1 Handvoll frischen Koriander

- 2 Schalotten
- 1 Schuss Olivenöl
- Saft einer halben Zitrone
- Salz und Pfeffer

Zubereitung:

1. Zuerst Kidneybohnen und Mais durch ein Sieb geben und mehrmals waschen.
2. Avocados entkernen und das Fruchtfleisch würfeln.
3. Anschließend den Koriander waschen und fein hacken.
4. Nun die Schalotten schälen und würfeln.
5. Zum Schluss alle Zutaten in eine Schüssel geben, umrühren und servieren.

16. Bohnen-Nudel-Salat mit Pinienkerne

Portionen: 4-6 Personen

Zutaten:

- 2 Dosen Kidneybohnen
- 1 Packung Farfalle-Nudeln
- 70 g Pinienkerne
- 400 g Cherrytomaten

- 1 Schuss Olivenöl
- 5 EL Teriyaki Sauce
- Salz und Pfeffer

Zubereitung:

1. Zuerst die Nudeln in Salzwasser gar kochen und komplett erkalten lassen.
2. Anschließend die Bohnen durch ein Sieb geben und mehrmals waschen.
3. Die Pinienkerne in einer Pfanne anrösten und abkühlen lassen.
4. Danach die Tomaten wasche, vom Strunk entfernen und halbieren.
5. Alle Zutaten nun in eine Schüssel geben und umrühren.
6. Zum Schluss abschmecken und servieren.

17. Bohnensalat (scharf)

Portionen: 4-6 Personen

Zutaten:

- 1 Dose weiße Bohnen
- 1 Dose Kidneybohnen
- 1 kleine Dose Mais
- 1 Handvoll glatte Petersilie
- 1 Handvoll frischen Koriander

- 1 EL Harissa-Paste
- 2 TL Tomatenmark
- 1 Schuss Speiseöl
- 1 TL Zucker
- Salz und Pfeffer

Zubereitung:

1. Zuerst weiße Bohnen, Kidneybohnen und Mais durch ein Sieb geben und mehrmals waschen.
2. Petersilie und Koriander waschen und fein hacken.
3. Anschließend Harissa-Paste, Tomatenmark und Öl miteinander vermischen und gründlich umrühren.
4. Zum Schluss alle Zutaten in eine Schüssel geben, umrühren und servieren.

18. Bohnen-Walnuss-Salat

Portionen: 4-6 Personen

Zutaten:

- 2 Dosen weiße Bohnen (vorgekocht)
- 1 Handvoll Walnüsse
- 1 Handvoll Macadamia-Nüsse
- 2 Packungen Feldsalat
- 2 Zwiebeln
- 1 Schuss Olivenöl
- Salz und Pfeffer

Zubereitung:

1. Zuerst den Feldsalat waschen und putzen.
2. Nun die Bohnen durch ein Sieb geben und mehrmals waschen.
3. Anschließend die Nüsse grob hacken.
4. Die Zwiebeln schälen und würfeln.
5. Zum Schluss alle Zutaten vermischen und servieren.

19. Brokkoli-Apfel-Salat

Portionen: 4-6 Personen

Zutaten:

- 1-2 Brokkoli-Köpfe
- 5 grüne Äpfel
- 4 rote Äpfel
- 400 g Naturjoghurt

- 150 g Creme fraiche
- 2 EL Agavendicksaft
- Salz und Pfeffer

Zubereitung:

1. Den Brokkoli putzen und in kleine Röschen schneiden.
2. Nun die Röschen in Salzwasser gar kochen, mit kaltem Wasser abschrecken und abkühlen lassen.
3. In der Zwischenzeit die Äpfel waschen, entkernen, halbieren und in Scheiben schneiden.
4. Creme fraiche und Joghurt vorab miteinander vermischen und cremig rühren.
5. Alle Zutaten in eine Schüssel geben und vermischen.
6. Zum Schluss würzen, Agavendicksaft hinzufügen und servieren.

20. Brombeeren-Apfel-Salat

Portionen: 4-6 Personen

Zutaten:

- 350 g Brombeeren
- 5 rote Äpfel
- 250 g Heidelbeeren
- Saft einer Limette
- 2 EL Agavendicksaft

Zubereitung:

1. Zuerst Brombeeren und Heidelbeeren waschen und verlesen.
2. Die Äpfel waschen, entkernen und in Würfel schneiden.
3. Alle Zutaten in eine große Salatschüssel geben und umrühren.
4. Limettensaft und Agavendicksaft hinzufügen und erneut umrühren.

21. Brombeeren-Grapefruit-Salat

Portionen: 4-6 Personen

Zutaten:

- 500-650 g Brombeeren
- 5 Grapefruits
- 1 Grapefruit für das Dressing
- 2 EL Agavendicksaft

Zubereitung:

1. Die Brombeeren waschen und verlesen.
2. Nun die Grapefruit schälen und vorsichtig filetieren.
3. Die weitere Grapefruit auspressen.
4. Beide Zutaten in eine Salatschüssel geben und umrühren.
5. Grapefruitsaft und Agavendicksaft vermischen, über den Salat geben und sofort servieren.

22. Bulgur-Creme-Salat mit frischen Kräutern

Portionen: 4-6 Personen

Zutaten:

- 4 Tassen grobkörniger Bulgur
- 2 Salatgurken
- 3 EL Creme fraiche
- 400 g Naturjoghurt
- 1 Handvoll glatte Petersilie

- 1 Handvoll frischen Koriander
- 1 Handvoll frische Minze
- Saft einer Zitrone
- Salz und Pfeffer

Zubereitung:

1. Zuerst den Bulgur waschen, verlesen und in Wasser gar kochen.
2. Währenddessen die Gurken waschen und in Würfel schneiden.
3. Creme fraiche und Joghurt vorab miteinander vermischen und cremig rühren.
4. Anschließend Petersilie, Minze und Koriander waschen und fein hacken.
5. Zum Schluss alle Zutaten in eine Schüssel geben, abschmecken und servieren.

23. Bulgur-Salat mit Koriander-Pesto

Portionen: 4-6 Personen

Zutaten:

- 3 Tassen grobkörniger Bulgur
- 2 Schalotten oder Zwiebeln
- 1 Salatgurke

Für das Dressing:

- 1 gute Handvoll Koriander
- 1 Handvoll Petersilie
- 50 g Pinienkerne
- 100 ml Olivenöl
- Salz und Pfeffer

Zubereitung:

1. Zuerst den Bulgur verlesen und waschen.
2. Bulgur, mit Wasser, in einen Topf geben und gar kochen. Anschließend abkühlen lassen.
3. Die Schalotten schälen und fein würfeln.
4. Anschließend die Gurke waschen und in kleine Würfel schneiden.
5. Für das Dressing werden alle Zutaten in einen Mixer gegeben und fein püriert.
6. Zum Schluss alle Zutaten in eine Schüssel geben, umrühren und servieren.

24. Bulgur-Zwiebel-Salat (scharf)

Portionen: 4-6 Personen

Zutaten:

- 4 Tassen grobkörniger Bulgur
- 5 Zwiebeln
- 1 Handvoll glatte Petersilie
- 200 ml Speiseöl

- 1-2 EL Harissa-Paste
- Saft einer halben Zitrone
- 1 TL Agavendicksaft
- Salz und Pfeffer

Zubereitung:

1. Zuerst den Bulgur verlesen, waschen und in Wasser gar kochen. Anschließend komplett abkühlen lassen.
2. Währenddessen die Zwiebeln schälen, halbieren und in feine Streifen schneiden.
3. Die Petersilie waschen und fein hacken.
4. Alle Zutaten nun in eine Schüssel geben und umrühren.
5. Zum Schluss abschmecken und servieren.

25. Bunte Früchte-Spieße

Portionen: 4-6 Personen

Zutaten:

- 500 g Erdbeeren
- 1 Ananas
- 5 Mangos

- 500 g Heidelbeeren
- Helle und dunkle Weintrauben

Zubereitung:

1. Als Erstes die Erdbeeren waschen, den Strunk entfernen und halbieren.
2. Die Ananas schälen, putzen und in Würfel schneiden.
3. Nun die Mangos schälen, das Fruchtfleisch vom Kern entfernen und ebenfalls grob würfeln.
4. Die Heidelbeeren waschen und verlesen.
5. Anschließend die Weintrauben waschen.
6. Die Früchte nun gleichmäßig, auf die Spieße stecken und servieren.

26. Couscoussalat

Portionen: 4-6 Personen

Zutaten:

- 2 Tassen grob körniger Couscous
- Wasser für den Couscous
- 1 Bund glatte Petersilie
- 2 gelbe Paprikaschoten
- 2 rote Paprikaschoten
- 1 mittelgroße Salatgurke
- Saft einer Zitrone
- 1 Schuss Olivenöl oder Rapsöl
- Salz und Pfeffer

Zubereitung:

1. Als Erstes den Couscous mehrmals waschen und verlesen.
2. Couscous, Wasser und etwas Salz in einen Topf geben, gar kochen und abkühlen lassen. (Hier wird so viel Wasser hinzugefügt, so dass der Couscous leicht bedeckt ist)
3. In der Zwischenzeit die Petersilie waschen und sehr fein hacken.
4. Die Paprikaschoten waschen, entkernen und in schmale Streifen schneiden.
5. Nun die Salatgurke waschen, grob schälen, längs durchschneiden und in Scheiben schneiden.
6. Anschließend alle Zutaten in eine Schüssel geben und umrühren.
7. Zum Schluss Öl hinzufügen, gut würzen und servieren.

27. Couscous-Erdbeeren-Salat mit Honig

Portionen: 4-6 Personen

Zutaten:

- 3 Tassen grobkörniger Couscous/Bulgur
- 600 g Erdbeeren

- 2 EL Honig
- 100 ml Wasser

Zubereitung:

1. Den Couscous gründlich waschen und verlesen.
2. Couscous in einen Topf geben, mit Wasser leicht bedecken, weich kochen und abkühlen lassen.
3. Währenddessen die Erdbeeren waschen, vom Strunk entfernen und würfeln.
4. Alle Zutaten in eine Schüssel geben und umrühren.
5. Honig mit etwas Wasser vermischen, zum Salat geben und servieren.

28. Drachenfrucht-Salat

Portionen: 4-6 Personen

Zutaten:

- 5 Drachenfrüchte
- 2 Granatapfel
- 350 g frische Brombeeren

- 2-3 EL Agavendicksaft
- 100 ml Wasser

Zubereitung:

1. Die Drachenfrüchte schälen, halbieren und in Scheiben schneiden.
2. Granatäpfel halbieren und die Kerne entnehmen.
3. Nun die Brombeeren waschen und verlesen.
4. Alle Zutaten in eine Schüssel geben und umrühren.
5. Agavendicksaft mit etwas Wasser vermischen, über den Salat geben und servieren.

29. Erdbeer-Ananas-Salat

Portionen: 4-6 Personen

Zutaten:

- 500 g frische Erdbeeren
- 1 Ananas
- 1 Bund frische Minze
- 350 g Blaubeeren
- Saft aus 2 Limetten
- 2 EL Agavendicksaft

Zubereitung:

1. Zuerst die Erdbeeren waschen, säubern und in Scheiben schneiden.
2. Die Ananas schälen, putzen und in Würfel schneiden.
3. Nun die Minze waschen und sehr fein hacken.
4. Alle Zutaten in eine Schüssel geben, umrühren und servieren.

30. Erdbeeren-Bananen-Salat mit Maracuja-Kokos-Dressing

Portionen: 4-6 Personen

Zutaten:

- 500 g Erdbeeren
- 4 Bananen
- 4 Maracujas

- 3 EL Kokosöl
- 2 EL Agavendicksaft

Zubereitung:

1. Als Erstes die Erdbeeren waschen, vom Strunk entfernen und in Würfel schneiden.
2. Nun die Bananen schälen und in Scheiben schneiden,
3. Maracujas halbieren und das Fruchtfleisch heraus löffeln.
4. Kokosöl, Maracujas, etwas kaltes Wasser und Agavendicksaft in einen Smoothie Mixer geben und pürieren.
5. Obst und Dressing in eine Schüssel geben, umrühren und servieren.

31. Erdbeer-Joghurt-Salat mit geraspelter Schokolade

Portionen: 4-6 Personen

Zutaten:

- 600 g Erdbeeren
- 500 g Naturjoghurt
- Schokoraspeln aus 100g Schokolade
- 2 EL Honig oder Agavendicksaft

Zubereitung:

1. Zuerst die Erdbeeren waschen, vom Strunk entfernen und in Stücke schneiden.
2. Alle Zutaten in eine Schüssel geben und umrühren.
3. Raspeln hinzufügen, unterheben und servieren.

32. Erdbeeren-Spinat-Salat mit Kokos-Dressing

Portionen: 4-6 Personen

Zutaten:

- 500 g frische Erdbeeren
- 1 Packung Babyspinat

- 70 g Pinienkerne
- 1 Handvoll Macadamia Nüsse

Für das Dressing:

- 4 TL Kokosöl
- 1 Schuss Olivenöl
- Scft einer halben Zitrone

- 2 EL Agavendicksaft
- Salz und Pfeffer

Zubereitung:

1. Zuerst den Spinat waschen.
2. Nun die Erdbeeren vom Strunk entfernen und in Scheiben schneiden.
3. Anschließend die Pinienkerne in einer Pfanne rösten.
4. Die Nüsse grob hacken.
5. Für das Dressing werden alle Zutaten miteinander vermengt und umgerührt.
6. Zum Schluss alle Zutaten in eine Schüssel geben, umrühren und servieren.

33. Exotischer Obstsalat

Portionen: 4-6 Personen

Zutaten:

- 3 helle Drachenfrüchte
- 400 g Heidelbeeren
- 5 Mangos

- 6 Kiwis
- Saft einer Zitrone
- 2 EL Agavendicksaft

Zubereitung:

1. Als Erstes die Drachenfrüchte schälen und das Fruchtfleisch in größere Stücke schneiden.
2. Die Heidelbeeren waschen und verlesen.
3. Nun die Mangos schälen, das Fruchtfleisch vom Kern entfernen und in kleinere Würfel schneiden.
4. Anschließend die Kiwis ebenfalls schälen und vierteln.
5. Alle Zutaten in eine große Salatschüssel geben und verrühren.
6. Mit Zitronensaft und Agavendicksaft abschmecken und sofort servieren.

34. Fenchelsalat

Portionen: 4-6 Personen

Zutaten:

- 4 Fenchelknollen
- 5 Orangen
- 3 Schalotten
- 1 Handvoll Walnüsse

- 1 Schuss Olivenöl
- 2 Knoblauchzehen
- Salz und Pfeffer

Zubereitung:

1. Zuerst den Fenchel putzen, säubern und in Scheiben schneiden.
2. Die Orangen schälen und filetieren.
3. Nun die Schalotten schälen, halbieren und in feine Streifen schneiden.
4. Die Nüsse grob hacken.
5. Anschließend die Knoblauchzehen schälen und fein hacken.
6. Alle Zutaten in eine Schüssel geben, würzen und servieren.

35. Früchte-Bulgur-Salat

Portionen: 4-6 Personen

Zutaten:

- 3 Tassen feiner Bulgur
- 500 g frische Erdbeeren
- 6 Pfirsiche
- 200 g Heidelbeeren

- 5 Kiwis
- Saft einer halben Zitrone
- 2 EL Agavendicksaft

Zubereitung:

1. Als Erstes den Bulgur, mit etwa 150ml Wasser, zum aufquellen bringen.
2. In der Zwischenzeit die Erdbeeren waschen, vom Strunk entfernen und in Scheiben schneiden.
3. Nun die Pfirsiche waschen, entkernen und in Stücke schneiden.
4. Die Heidelbeeren waschen und verlesen.
5. Nun die Kiwis schälen und ebenfalls würfeln.
6. Alle Zutaten, inklusive Zitronensaft und Agavendicksaft, in eine Schüssel geben und umrühren.

36. Früchte-Mascarpone-Salat

Portionen: 4-6 Personen

Zutaten:

- 300 g Heidelbeeren
- 400 g Erdbeeren
- 6 Kiwis

- 400 g Mascarpone
- 150 g Creme fraiche
- 2 EL Agavendicksaft oder Honig

Zubereitung:

1. Heidelbeeren waschen und verlesen.
2. Nun die Erdbeeren waschen, vom Strunk entfernen und würfeln.
3. Anschließend die Kiwis schälen und in Würfel schneiden.
4. Mascarpone und Creme fraiche vermischen und cremig rühren. Nach Belieben noch etwas Milch hinzufügen.
5. Alle Zutaten nun in eine Schüssel geben und vorsichtig vermengen.
6. Honig oder Agavendicksaft hinzufügen und servieren.

37. Früchte-Salat mit Zitrone-Minze

Portionen: 4-6 Personen

Zutaten:

- 300 g Heidelbeeren
- 200 g Brombeeren
- 450 g Erdbeeren

- 1 Bund frische Minze
- Saft aus zwei Zitronen
- 2 EL Agavendicksaft

Zubereitung:

1. Als Erstes Brombeeren und Heidelbeeren waschen und verlesen.
2. Die Erdbeeren waschen, vom Strunk entfernen und in Würfel schneiden.
3. Frische Minze waschen und grob hacken.
4. Nun Zitronensaft, Agavendicksaft und Minze miteinander vermengen und umrühren.
5. Alle Zutaten in eine Schüssel geben und umrühren.
6. Zum Schluss nochmals abschmecken und servieren.

38. Fruchtiger Frühlingssalat

Portionen: 4-6 Personen

Zutaten:

- 4 Bananen
- 2 Dosen Mandarinen
- 1 Granatapfel
- 5 Kiwis

- 3 rote Äpfel
- Saft einer Zitrone
- 2 EL Agavendicksaft
- etwas frische Minze

Zubereitung:

1. Als Erstes die Bananen schälen und in dünne Scheiben schneiden.
2. Die Mandarinen aus der Dose nehmen und dabei etwas vom Fruchtwasser auffangen.
3. Nun den Granatapfel halbieren und die Kerne vorsichtig entnehmen.
4. Die Kiwis schälen, halbieren und in Scheiben schneiden.
5. Anschließend die Äpfel waschen, entkernen und in kleine Stücke schneiden.
6. Die frische Minze waschen und sehr fein hacken.
7. Alle Zutaten in eine große Salatschüssel geben und verrühren.
8. Agavendicksaft, Zitronensaft und etwas Mandarinensaft vermischen, über den Salat geben und sofort servieren.

39. Fruchtiger Quinoa-Salat mit Kokos-Minz-Dressing

Portionen: 4-6 Personen

Zutaten:

- 3 Tassen Quinoa
- 3 Birnen

- 2 rote Äpfel
- 2 Schalotten

Für das Dressing:

- 1 Handvoll frische Minze
- 3 TL Kokosöl
- 1 Schuss Olivenöl

- Saft einer halben Zitrone
- 2 TL Agavendicksaft
- Salz und Pfeffer

Zubereitung:

1. Zuerst den Quinoa waschen, nach Packungsanweisung kochen und abkühlen lassen.
2. Währenddessen die Äpfel und die Birnen schälen, entkernen und in kleine Würfel schneiden.
3. Schalotten schälen, halbieren und in feine Streifen schneiden.
4. Nun die frische Minze waschen und fein hacken.
5. Für das Dressing werden die oben genannten Zutaten miteinander vermengt und umgerührt.
6. Zum Schluss alle Zutaten in eine Schüssel geben, erneut umrühren und servieren.

40. Fruchtiger Spinatsalat mit Granatapfel

Portionen: 4-6 Personen

Zutaten:

- 2 Packungen frischer Babyspinat
- 1 große Dose Mandarinen
- 1 Granatapfel
- 4 Mangos

- 3 Bananen
- Saft einer Zitrone
- 2 EL Honig oder Agavendicksaft

Zubereitung:

1. Als Erstes den Spinat waschen und gut putzen.
2. Die Mandarinen aus der Dose entnehmen und dabei das Fruchtwasser auffangen.
3. Nun den Granatapfel halbieren und die Kerne entfernen.
4. Die Mangos schälen, das Fruchtfleisch vom Kern entfernen und in Würfel schneiden.
5. Anschließend die Bananen schälen und in schmale Scheiben schneiden.
6. Alle Zutaten in eine große Salatschüssel geben und gut verrühren.
7. Mandarinensaft, Zitronensaft und Agavendicksaft miteinander vermischen, über den Salat geben und sofort servieren.

41. Fruchtiger Weintraubensalat

Portionen: 4-6 Personen

Zutaten:

- 500 g kernlose Weintrauben (rot)
- 500 g kernlose Weintrauben (hell)
- 250 g Heidelbeeren

- 1 Ananas
- 3 Mangos
- 2 EL Agavendicksaft
- Saft einer Zitrone

Zubereitung:

1. Zuerst die Weintrauben waschen und halbieren.
2. Nun die Heidelbeeren waschen und verlesen.
3. Anschließend die Ananas schälen und in kleine Stücke schneiden.
4. Die Mangos ebenfalls schälen, das Fruchtfleisch vom Kern entfernen und würfeln.
5. Alle Zutaten in eine Schüssel geben und umrühren.
6. Zitronensaft, Agavendicksaft dazugeben und servieren.

42. Gemischter Salat mit Kokos-Pesto

Portionen: 4-6 Personen

Zutaten:

- 1 Kopf Eisbergsalat
- 1 Handvoll Feldsalat
- 2 rote Paprikaschoten

- 2 gelbe Paprikaschoten
- 1 große Zwiebel
- 1 Salatgurke

Für das Dressing:

- 1 Bund glatte Petersilie
- 1 Handvoll Basilikumblätter
- 50 g Pinienkerne

- 3 TL Kokosöl
- etwas Olivenöl oder Speiseöl
- Salz und Pfeffer

Zubereitung:

1. Zuerst den Eisbergsalat klein hacken und waschen.
2. Feldsalat waschen und putzen.
3. Nun die Paprikaschoten waschen, entkernen und in schmale Streifen schneiden.
4. Anschließend die Zwiebel schälen und in Ringe schneiden.
5. Danach die Gurke waschen und in Stücke schneiden.
6. Für das Dressing werden alle Zutaten in einen Mixer gegeben und fein püriert.
7. Zum Schluss alle Zutaten in eine Schüssel geben, umrühren, abschmecken und servieren.

43. Gemischter Salat mit mediterraner Kräuter-Sauce (klassisch)

Portionen: 4-6 Personen

Zutaten:

- 2 Köpfe Eisbergsalat
- 1 rote Paprikaschote
- 1 gelbe Paprikaschote
- 1 orange Paprikaschote
- 3 Fleischtomaten
- 1 Salatgurke

Für das Dressing:

- 500 g Naturjoghurt
- 1 Handvoll glatte Petersilie
- 2 TL getrocknetes Basilikum
- 1 TL getrockneter Thymian
- 1 TL getrocknetes Rosmarin
- Pfeffer

Zubereitung:

1. Zuerst den Eisbergsalat waschen und in Stücke zupfen.
2. Die Paprikaschoten waschen, entkernen und in kleine Würfel schneiden.
3. Nun die Tomaten waschen, vom Strunk entfernen und ebenfalls würfeln.
4. Anschließend die Gurke waschen, längs halbieren und in Scheiben schneiden.
5. Für das Dressing alle oben genannten Zutaten miteinander vermengen und cremig rühren.
6. Zum Schluss alle Zutaten in eine Schüssel geben und servieren.

44. Grüner Salat mit Avocado-Joghurt-Dressing

Portionen: 4-6 Personen

Zutaten:

- 1 Packung Feldsalat
- 1 Packung Babyspinat
- 2 grüne Paprikaschote

- 1 Salatgurke
- 2 Zwiebeln

Für das Dressing:

- 3 Avocados
- 450 g Naturjoghurt
- 1 Knoblauchzehe

- etwas Olivenöl oder Speiseöl
- Salz und Pfeffer

Zubereitung:

1. Zuerst Spinat und Feldsalat waschen und putzen.
2. Die Paprikaschoten waschen, entkernen und in schmale Streifen schneiden.
3. Nun die Gurke waschen, putzen und in Würfel schneiden.
4. Anschließend die Zwiebel schälen, halbieren und in feine Streifen schneiden.
5. Danach die Avocados entkernen, das Fruchtfleisch heraus löffeln und in Stücke schneiden.
6. Knoblauch schälen und halbieren.
7. Für das Dressing nun alle oben genannten Zutaten in einen Mixer geben und fein pürieren.
8. Zum Schluss alle Zutaten miteinander vermengen, umrühren, abschmecken und servieren.

45. Grüner Salat mit Mais

Portionen: 4-6 Personen

Zutaten:

- 1 Packung Babyspinat
- 1 Packung Feldsalat
- 2 grüne Paprikaschoten
- 2 kleine Dosen Mais
- 1 Salatgurke
- 1 Schuss Olivenöl
- Saft einer Zitrone
- Salz und Pfeffer

Zubereitung:

1. Als Erstes Spinat und Salat waschen und putzen.
2. Nun die Paprikaschoten waschen, entkernen und in schmale Streifen schneiden.
3. Die Salatgurke waschen und würfeln.
4. Anschließend den Mais durch ein Sieb geben und mehrmals waschen.
5. Alle Zutaten in eine Schüssel geben und umrühren.
6. Zum Schluss abschmecken und servieren.

46. Hirten-Bohnen-Salat (scharf)

Portionen: 4-6 Personen

Zutaten:

- 450 g Hirtenkäse
- 2 Dosen weiße Bohnen
- 1 kleines Bund glatte Petersilie
- 200 ml Speiseöl

- 2TL Harissa-Paste
- 2 Knoblauchzehen
- 2 Schalotten
- Salz und Pfeffer

Zubereitung:

1. Als Erstes die Bohnen durch ein Sieb geben und mehrmals waschen.
2. Nun den Hirtenkäse in kleine Würfel schneiden.
3. Anschließend die Petersilie waschen und fein hacken.
4. Nun den Knoblauch schälen und in Scheiben schneiden.
5. Alle Zutaten in eine Schüssel geben und vorsichtig umrühren.
6. Zum Schluss abschmecken und servieren.

47. Hirtensalat mit Bulgur und frischer Minze

Portionen: 4-6 Personen

Zutaten:

- 500 g Hirtenkäse
- 2 Tassen feiner Bulgur
- 2 Salatgurken
- 4 Fleischtomaten
- 1 Handvoll frische Minze

- 2 Knoblauchzehen
- 150 ml Speiseöl
- Saft einer Zitrone
- Salz und Pfeffer

Zubereitung:

1. Zuerst den Hirtenkäse in grobe Stücke bröseln.
2. Den Bulgur, mit etwa 150ml Wasser, vermengen und 15 Minuten quellen lassen.
3. Anschließend die Salatgurken waschen und würfeln.
4. Nun die Tomaten waschen, vom Strunk entfernen und in Stücke schneiden.
5. Die frische Minze waschen und fein hacken.
6. Danach den Knoblauch schälen und in feine Scheiben schneiden.
7. Alle Zutaten in eine Schüssel geben und umrühren.
8. Zum Schluss abschmecken und servieren.

48. Kaki-Beeren-Salat mit frischer Minze

Portionen: 4-6 Personen

Zutaten:

- 5 Kakis
- 250 g Heidelbeeren
- 250 g Brombeeren
- 300 g Erdbeeren
- 1 kleines Bund frische Minze
- 2 EL Agavendicksaft oder Honig

Zubereitung:

1. Als Erstes die Kakis waschen, entkernen und in Stücke schneiden.
2. Brombeeren und Heidelbeeren waschen und verlesen.
3. Nun die Erdbeeren waschen, vom Strunk entfernen und in Scheiben schneiden.
4. Anschließend die frische Minze waschen und fein hacken.
5. Alle Zutaten in eine Schüssel geben und umrühren.
6. Zum Schluss etwas Agavendicksaft oder Honig hinzufügen und servieren.

49. Kartoffelsalat mit Fetakäse und getrockneten Tomaten

Portionen: 4-6 Personen

Zutaten:

- 750-1000g Kartoffeln
- 450 g Fetakäse
- 6 getrocknete Tomaten
- 2 TL getrocknetes Rosmarin
- 1 Schuss Olivenöl
- Salz und Pfeffer

Zubereitung:

1. Zuerst die Kartoffeln schälen, würfeln und in Salzwasser gar kochen. Anschließend komplett erkalten lassen.
2. Nun den Fetakäse in Würfel schneiden.
3. Anschließend die getrockneten Tomaten grob hacken.
4. Zum Schluss alle Zutaten vermischen, abschmecken und servieren.

50. Kiwi-Beeren-Salat

Portionen: 4-6 Personen

Zutaten:

- 5 Kiwis
- 200 g Heidelbeeren
- 200 g Brombeeren
- 500 g Erdbeeren
- Saft einer Limette
- 2 EL Agavendicksaft oder Honig

Zubereitung:

1. Als Erstes die Kiwis schälen und in große Stücke schneiden.
2. Brombeeren und Heidelbeeren waschen und verlesen.
3. Nun die Erdbeeren waschen, vom Strunk entfernen und in Scheiben schneiden.
4. Alle Zutaten in eine große Salatschüssel geben und verrühren.
5. Limettensaft, Honig oder Agavendicksaft vermischen, über den Salat geben und sofort servieren.

51. Mandarinen-Quark-Salat mit Weintrauben

Portionen: 4-6 Personen

Zutaten:

- 2 Dosen Mandarinen
- 600 g helle Weintrauben (kernlos)
- 400 g Magerquark

- 100 g Naturjoghurt
- Saft einer Zitrone
- 3 EL Zucker

Zubereitung:

1. Die Mandarinen aus der Dose nehmen und durch ein Sieb geben.
2. Die Weintrauben waschen und halbieren.
3. Magerquark, Zitronensaft, Zucker und Joghurt vorab miteinander vermischen und cremig rühren.
4. Alle Zutaten nun miteinander vermischen und umrühren.

52. Mandarinen-Weintrauben-Salat mit Mandarinen-Creme

Portionen: 4-6 Personen

Zutaten:

- 3 kleine Dosen Mandarinen
- 300 g helle Weintrauben
- 100 g rote Weintrauben
- 300 g Creme fraiche
- 1 Handvoll glatte Petersilie
- 2 EL Agavendicksaft
- Pfeffer

Zubereitung:

1. Zuerst die Mandarinen durch ein Sieb geben und dabei das Fruchtwasser auffangen.
2. Weintrauben waschen und halbieren.
3. Nun die Petersilie waschen und fein hacken.
4. Creme fraiche, Agavendicksaft und Mandarinenwasser vermengen und cremig rühren.
5. Alle Zutaten in eine Schüssel geben und umrühren.
6. Zum Schluss abschmecken und servieren.

53. Mango-Papaya-Salat mit Erdbeeren

Portionen: 4-6 Personen

Zutaten:

- 5 Mangos
- 1 große Papaya
- 450 g Erdbeeren

- 2 Bananen
- 2 EL Agavendicksaft
- Saft einer Zitrone

Zubereitung:

1. Die Mangos schälen, das Fruchtfleisch vom Kern entfernen und in Würfel schneiden.
2. Nun die Papaya schälen, halbieren, entkernen und ebenfalls würfeln.
3. Anschließend die Erdbeeren waschen, den Strunk entfernen und halbieren.
4. Die Bananen schälen und in schmale Scheiben schneiden.
5. Alle Zutaten in eine große Salatschüssel geben und gut umrühren.
6. Agavendicksaft und Zitronensaft vermischen, über den Salat geben und sofort servieren.

54. Mango-Papaya-Salat mit getrockneten Cranberries

Portionen: 4-6 Personen

Zutaten:

- 6 Mangos
- 1 Papaya
- 200 g Cranberries

- 4 Kiwis
- 3 EL Agavendicksaft
- 100 ml Wasser

Zubereitung:

1. Die Mangos schälen, das Fruchtfleisch vom Kern entfernen und würfeln.
2. Nun die Papayas schälen, entkernen und ebenfalls würfeln.
3. Anschließend die Kiwis schälen und in Stücke schneiden.
4. Alle Zutaten in eine Schüssel geben und umrühren.
5. Wasser und Agavendicksaft hinzufügen und servieren.

55. Melonen-Ananas-Salat

Portionen: 4-6 Personen

Zutaten:

- 1 kleine Wassermelone
- 1 Honigmelone
- 1 Ananas
- Saft aus einer Limette
- 3 EL Zucker

Zubereitung:

1. Zuerst die Wassermelone halbieren und das Fruchtfleisch in große Würfel schneiden.
2. Die Honigmelone ebenfalls halbieren, entkernen und würfeln.
3. Nun die Ananas schälen, putzen und in Stücke schneiden.
4. Alle Zutaten in eine Schüssel geben und umrühren.
5. Limettensaft und Zucker hinzufügen und servieren.

56. Nudel-Couscous-Salat

Portionen: 4-6 Personen

Zutaten:

- 1 Packung Farfalle-Nudeln
- 3 Tassen grobkörniger Couscous
- Wasser für den Couscous
- 1 Packung Babyspinat

- 1 Dose Kichererbsen
- 500 g Naturjoghurt
- Salz und Pfeffer

Zubereitung:

1. Zuerst die Nudeln in Salzwasser gar kochen und komplett erkalten lassen.
2. Währenddessen den Couscous verlesen, waschen und ebenfalls in Salzwasser kochen und abkühlen lassen.
3. Nun den Spinat waschen.
4. Die Kichererbsen durch ein Sieb geben und mehrmals waschen.
5. Alle Zutaten nun in eine Schüssel geben und umrühren.
6. Zum Schluss abschmecken und servieren.

57. Nudel-Feta-Salat

Portionen: 4-6 Personen

Zutaten:

- 1 Packung Farfalle-Nudeln
- 500 g Cherrytomaten
- 500 g Fetakäse
- 3 gelbe Paprikaschoten
- 1 Handvoll glatte Petersilie
- 1 Schuss Olivenöl
- Salz und Pfeffer

Zubereitung:

1. Zuerst die Nudeln in Salzwasser gar kochen und erkalten lassen.
2. Währenddessen die Cherrytomaten waschen und halbieren.
3. Den Fetakäse in Würfel schneiden.
4. Nun die Paprikaschoten waschen, entkernen und ebenfalls würfeln.
5. Danach die Petersilie waschen und fein hacken.
6. Alle Zutaten miteinander vermengen und vorsichtig umrühren.
7. Zum Schluss abschmecken und servieren.

58. Nudel-Tomaten-Salat mit frischen Kräutern

Portionen: 4-6 Personen

Zutaten:

- 1 Packung Spiralnudeln
- 500 g Fleischtomaten
- 2 Zwiebeln
- 1 Handvoll glatte Petersilie

- 1 Handvoll frischen Koriander
- 5 Schnittlauchhalme
- 1 Schuss Speiseöl
- Salz und Pfeffer

Zubereitung:

1. Als Erstes die Nudeln in Salzwasser gar kochen und abkühlen lassen.
2. Währenddessen die Tomaten waschen, vom Strunk entfernen und würfeln.
3. Nun die Zwiebeln schälen, halbieren und in feine Streifen schneiden.
4. Petersilie und Koriander waschen und fein hacken.
5. Anschließend den Schnittlauch waschen und in feine Röllchen schneiden.
6. Zum Schluss alle Zutaten miteinander vermengen, umrühren und servieren.

59. Nudel-Tomaten-Salat mit Pesto-Sauce

Portionen: 4-6 Personen

Zutaten:

- 1 Packung Farfalle-Nudeln
- 500 g Fleischtomaten

- 1 Packung Feldsalat
- 2 Zwiebeln

Für das Dressing:

- 1 Handvoll Babyspinat
- 1 Handvoll glatte Petersilie
- 50 g Pinienkerne

- 1 Schuss Olivenöl
- Salz und Pfeffer

Zubereitung:

1. Als Erstes die Nudeln in Salzwasser gar kochen und komplett abkühlen lassen.
2. In der Zwischenzeit die Tomaten waschen, vom Strunk entfernen und in Würfel schneiden.
3. Den Salat waschen und putzen.
4. Nun die Zwiebeln schälen und in Ringe schneiden.
5. Für das Pesto werden alle oben genannten Zutaten in einen Mixer gegeben und fein püriert.
6. Zum Schluss alle Zutaten miteinander vermengen, umrühren, abschmecken und servieren.

60. Obstsalat im Glas mit Chia-Pudding

Portionen: 4-6 Personen

Zutaten:

- 4 Kiwis
- 400 g Erdbeeren
- 200 g Heidelbeeren
- 1 Ananas

- 600 ml Vollmilch
- 2 TL Vanille Extrakt
- 2 EL Agavendicksaft
- 5 EL Chia-Samen

Zubereitung:

1. Als Erstes Chia-Samen, Milch, Agavendicksaft und Vanille in eine Schüssel geben, gut umrühren und für mindestens 2 Stunden in den Kühlschrank stellen.
2. In der Zwischenzeit die Kiwis schälen und in kleine Würfel schneiden.
3. Heidelbeeren waschen und verlesen.
4. Nun die Erdbeeren waschen, vom Strunk entfernen und vierteln.
5. Anschließend die Ananas schälen und ebenfalls würfeln.
6. Den Chia-Pudding in die Gläser füllen, Obst darüber schichten und servieren.

61. Obstsalat mit Vanillesauce

Portionen: 4-6 Personen

Zutaten:

- 600 g Erdbeeren
- 350 g Heidelbeeren
- 250 g dunkle Weintrauben

- 250 g Brombeeren
- Vanillesauce

Zubereitung:

1. Als Erstes die Erdbeeren waschen, vom Strunk entfernen und in Scheiben schneiden.
2. Heidelbeeren und Brombeeren waschen und verlesen.
3. Nun die Weintrauben waschen und halbieren.
4. Obst in eine Schüssel geben und umrühren.
5. Zum Schluss die Vanillesauce dazugeben, umrühren und servieren.

62. Orangen-Aprikosen-Salat mit Feigen

Portionen: 4-6 Personen

Zutaten:

- 6 Orangen
- 7 Aprikosen
- 6 Feigen

- Saft einer Zitrone
- 2 EL Honig

Zubereitung:

1. Zuerst die Orangen schälen und in Stücke schneiden.
2. Nun die Aprikosen waschen, halbieren, entkernen und ebenfalls würfeln-
3. Nun die Feigen putzen und vierteln.
4. Alle Zutaten in eine Schüssel geben und umrühren.
5. Honig und Zitronensaft hinzufügen und servieren.

63. Orangen-Bulgur-Salat mit frischer Minze

Portionen: 4-6 Personen

Zutaten:

- 2 Tassen feiner Bulgur
- 5 Orangen
- 1 Handvoll frische Minze

- Saft aus zwei Orangen
- Saft einer halben Zitrone
- Salz und Pfeffer

Zubereitung:

1. Als Erstes den Bulgur, mit etwa 120ml Wasser, vermischen und aufquellen lassen.
2. Die Orangen schälen, entkernen und in Würfel schneiden.
3. Nun die frische Minze waschen und fein hacken.
4. Alle Zutaten in eine Schüssel geben und umrühren.
5. Zitronen- und Orangensaft hinzufügen, würzen und servieren.

64. Orangen-Mango-Salat mit frischer Minze

Portionen: 4-6 Personen

Zutaten:

- 5 Mangos
- 6 Orangen
- 1 Bund frische Minze
- Saft aus einer Limette
- 2 EL Agavendicksaft

Zubereitung:

1. Zuerst die Mangos schälen, das Fruchtfleisch vom Kern entfernen und in Würfel schneiden.
2. Die Orangen ebenfalls schälen und vorsichtig filetieren.
3. Nun die Minze waschen und fein hacken.
4. Alle Zutaten in eine Schüssel geben und umrühren.
5. Limetten- und Agavendicksaft hinzufügen und servieren.

65. Orangen-Schalotten-Salat

Portionen: 4-6 Personen

Zutaten:

- 10 Saftorangen
- 2 Orangen für das Dressing
- 4 Schalotten

- 1 Schuss Olivenöl oder Rapsöl
- Salz und Pfeffer

Zubereitung:

1. Die Orangen schälen und das Fruchtfleisch filetieren.
2. Nun die Schalotten schälen und in hauchdünne Ringe schneiden.
3. Die zwei weiteren Orangen halbieren und auspressen.
4. Olivenöl und Orangensaft vermischen und gut würzen.
5. Zum Schluss den Salat anrichten, das Dressing drüber geben und sofort servieren.

66. Orientalischer Spinatsalat mit gehackten Mandeln

Portionen: 4-6 Personen

Zutaten:

- 1 Ananas
- 600 g Babyspinat
- 6 Datteln
- 200 g Rosinen

- 1 Papaya
- 1 Handvoll Mandeln
- etwas Honig
- etwas Wasser

Zubereitung:

1. Zuerst den Spinat waschen und putzen.
2. Die Ananas schälen und in kleine Würfel schneiden.
3. Anschließend die Datteln entkernen und grob hacken.
4. Nun die Papaya schälen, entkernen und ebenfalls würfeln.
5. Danach die Mandeln putzen, nach Belieben die Schale entfernen und grob hacken.
6. Alle Zutaten in eine Schüssel geben und umrühren.
7. Wasser und Honig miteinander vermengen, über den Salat geben und servieren.

67. Petersiliensalat mit Tomaten-Bulgur

Portionen: 4-6 Personen

Zutaten:

- 3 Bund glatte Petersilie
- 2-3 Tassen grobkörniger Bulgur
- 200 g Tomatenmark
- Wasser für den Bulgur
- 1 kleine Zwiebel

- 1 mittelgroßes Stück Salatgurke
- 1 Schuss Speiseöl
- Saft einer halben Zitrone
- 1 TL getrocknete Minze
- Salz und Pfeffer

Zubereitung:

1. Zuerst den Bulgur mehrmals waschen und verlesen.
2. Tomatenmark in Wasser auflösen, mit dem Bulgur vermengen und gar kochen. Anschließend abkühlen lassen.
3. Währenddessen die Petersilie waschen und sehr fein hacken.
4. Nun die Zwiebel schälen und in sehr feine Würfel schneiden.
5. Anschließend die Gurke waschen und ebenfalls sehr fein hacken.
6. Alle Zutaten nun in eine Schüssel geben und umrühren.
7. Zum Schluss abschmecken und servieren.

68. Pfirsich-Erdbeeren-Salat

Portionen: 4-6 Personen

Zutaten:

- 6 frische Pfirsiche
- 500 g Erdbeeren
- 300 g Heidelbeeren

- 1 Bund frische Minze
- 1 EL Honig
- Saft einer halben Zitrone

Zubereitung:

1. Die Pfirsiche waschen, den Kern entfernen und in Scheiben schneiden.
2. Nun die Erdbeeren waschen, vom Strunk entfernen und in Würfel schneiden.
3. Anschließend die Heidelbeeren waschen und verlesen.
4. Die frische Minze waschen und sehr fein hacken.
5. Alle Zutaten in eine große Salatschüssel geben und vermischen.
6. Honig und Zitronensaft vermengen, über den Salat geben und sofort servieren.

69. Quinoa-Avocado-Salat mit Birnen und Granatapfelkerne

Portionen: 4-6 Personen

Zutaten:

- 3 Tassen Quinoa
- 3 Avocados
- 3 Birnen

- 2 Schalotten
- 5 EL Granatapfelkerne
- etwas frische Minze

Für das Dressing:

- 150 ml Speiseöl
- Saft einer halben Zitrone
- 2 TL Agavendicksaft

- 3 EL Balsamico
- Salz und Pfeffer

Zubereitung:

1. Zuerst den Quinoa nach Packungsanweisung gar kochen und abkühlen lassen.
2. Nun die Avocados entkernen und das Fruchtfleisch würfeln.
3. Nun die Birnen waschen, entkernen und ebenfalls würfeln.
4. Die Schalotten schälen und in Ringe schneiden.
5. Anschließend die frische Minze waschen und fein hacken.
6. Für das Dressing werden die oben genannten Zutaten miteinander vermengt und verrührt.
7. Zum Schluss alle Zutaten in eine Schüssel geben, umrühren und servieren.

70. Quinoa-Petersilien-Salat mit Koriander

Portionen: 4-6 Personen

Zutaten:

- 5 Tassen Quinoa
- 2 Bund glatte Petersilie
- 2 Schalotten
- 1 Handvoll frischen Koriander

- 1 Salatgurke
- 1 Schuss Olivenöl
- Saft einer halben Zitrone
- Salz und Pfeffer

Zubereitung:

1. Als Erstes den Quinoa waschen und in Salzwasser gar kochen. Anschließend erkalten lassen.
2. Währenddessen Petersilie und Koriander waschen und fein hacken.
3. Die Schalotten schälen und würfeln.
4. Nun die Salatgurke waschen und in kleine Würfel schneiden.
5. Alle Zutaten in eine Schüssel geben und umrühren.
6. Zum Schluss abschmecken und servieren.

71. Quinoa-Tofu-Salat mit Pinienkerne

Portionen: 4-6 Personen

Zutaten:

- 3 Tassen Quinoa
- 400 g Tofu (natur)
- 2 Frühlingszwiebeln
- 6 Fleischtomaten
- 50 g Pinienkerne

- 200 g Mozzarella Kugeln
- 1 Schuss Olivenöl
- 1 TL getrockneten Thymian
- Salz und Pfeffer

Zubereitung:

1. Zuerst den Tofu auswringen und in kleine Würfel schneiden.
2. Den Quinoa waschen, in Salzwasser kochen und abkühlen lassen.
3. Währenddessen die Frühlingszwiebeln schälen, waschen und in feine Röllchen schneiden.
4. Nun die Tomaten waschen, vom Strunk entfernen und klein würfeln.
5. Anschließend die Pinienkerne in einer Pfanne anrösten.
6. Alle Zutaten nun in eine Schüssel geben und umrühren.
7. Zum Schluss abschmecken und servieren.

72. Raviolisalat

Portionen: 4-6 Personen

Zutaten:

- 750-1000 g Ravioli gefüllt mit Spinat und Ricotta (vorgekocht)
- 2 Schalotten
- 2 Packungen Mozzarella Kugeln
- 6 getrocknete Tomaten
- 1 Schuss Speiseöl
- Salz und Pfeffer

Zubereitung:

1. Als Erstes die Ravioli nach Packungsanweisung kochen und abkühlen lassen.
2. Währenddessen die Schalotten in Würfel schneiden.
3. Mozzarella aus der Salzlake nehmen und abtropfen lassen.
4. Anschließend die Tomaten grob hacken.
5. Alle Zutaten nun in eine Schüssel geben und umrühren.
6. Zum Schluss abschmecken und servieren.

73. Regenbogen-Salat

Portionen: 4-6 Personen

Zutaten:

- 300 g Himbeeren
- 500 g Erdbeeren
- 2 Dosen Mandarinen
- 1 große Ananas

- 6 Kiwis
- Saft einer halben Limette
- 3-5 EL Zucker

Zubereitung:

1. Die Himbeeren waschen und verlesen.
2. Erdbeeren waschen, vom Strunk entfernen und in Scheiben schneiden.
3. Nun die Mandarinen durch ein Sieb geben und dabei das Fruchtwasser auffangen.
4. Die Ananas schälen und in kleine Würfel schneiden.
5. Anschließend die Kiwis schälen und in größere Stücke schneiden.
6. Alle Zutaten nun in eine Schüssel geben und umrühren.
7. Mandarinensaft, Limettensaft und Zucker miteinander vermischen, zum Salat geben und servieren.

74. Römer-Brot-Salat

Portionen: 4-6 Personen

Zutaten:

- 2 Köpfe Römersalat
- 2 Schalotten
- 4 Scheiben Toastbrot
- 300 g Cherrytomaten

- 400 g Hirtenkäse
- 1 Schuss Olivenöl
- 3 TL getrocknetes Thymian
- Salz und Pfeffer

Zubereitung:

1. Als Erstes das Toastbrot in Würfel schneiden und in der Pfanne anrösten.
2. Währenddessen die Schalotten schälen, halbieren und in Streifen schneiden.
3. Nun den Römersalat waschen, den Strunk abtrennen und in kleine Stücke schneiden.
4. Die Tomaten waschen und halbieren.
5. Anschließend den Hirtenkäse in Würfel schneiden.
6. Zum Schluss alle Zutaten vermischen, mit Brot garnieren und servieren.

75. Rote-Beete-Salat mit Bulgur und Knoblauch-Dressing (würzig/scharf)

Portionen: 4-6 Personen

Zutaten:

- 5 Rote Beete Knollen (vorgekocht)
- 2 Tassen feinen Bulgur

- 150 ml Wasser für den Bulgur
- 4 Avocados

Für das Dressing:

- 4 Knoblauchzehen
- 1 Schuss Olivenöl

- Saft einer Zitrone
- Salz und Pfeffer

Zubereitung:

1. Zuerst die Rote Beete putzen und in mundgerechte Würfel schneiden.
2. Den Bulgur mit dem Wasser vermengen und für etwa 15 Minuten quellen lassen.
3. Nun die Avocados entkernen und das Fruchtfleisch würfeln.
4. Anschließend den Knoblauch schälen und sehr fein zerdrücken.
5. Für das Dressing werden alle oben genannten Zutaten vermischt.
6. Zum Schluss alle Zutaten vermischen und servieren.

76. Rucola-Avocado-Salat mit Ricotta Käse

Portionen: 4-6 Personen

Zutaten:

- 500 g Rucola
- 1 Handvoll Babyspinat
- 4 Avocados
- 250 g Cherrytomaten

- 1 Packung Ricotta Käse
- 1 Schuss Olivenöl
- 3 TL getrocknetes Thymian
- Salz und Pfeffer

Zubereitung:

1. Als Erstes Rucola und Spinat waschen und putzen.
2. Die Avocados entkernen und das Fruchtfleisch in Würfel schneiden.
3. Nun die Tomaten waschen und halbieren.
4. Anschließend den Ricotta Käse in kleine Stücke hacken oder zerbröseln.
5. Zum Schluss alle Zutaten in eine Schüssel geben, umrühren, abschmecken und servieren.

77. Rucola-Kürbis-Salat mit Ingwer-Dressing

Portionen: 4-6 Personen

Zutaten:

- 650 g Rucola
- 1 Butternut-Kürbis
- 80 g Pinienkerne
- 3 Schalotten
- 4 rote Äpfel

- 1 mittelgroßes Stück Ingwer
- 2 Knoblauchzehen
- 1 Schuss Olivenöl oder Speiseöl
- Salz und Pfeffer

Zubereitung:

1. Als Erstes den Ofen auf 200 Grad vorheizen.
2. Den Kürbis schälen, halbieren, entkernen und in Würfel schneiden.
3. Nun den Kürbis auf ein Backblech platzieren, mit Öl einpinseln, würzen und für etwa 35 Minuten backen.
4. In der Zwischenzeit die Pinienkerne in einer Pfanne anrösten und abkühlen lassen.
5. Die Schalotten schälen und in feine Ringe schneiden.
6. Nun die Äpfel waschen, entkernen und würfeln.
7. Knoblauch und Ingwer schälen, sehr fein zerdrücken und mit Olivenöl vermischen. Anschließend alle Zutaten in eine Schüssel geben und umrühren.
8. Zum Schluss abschmecken und servieren.

78. Scharfer Bohnen-Nudel-Salat

Portionen: 4-6 Personen

Zutaten:

- 2 Dosen Kidneybohnen
- 1 Packung Farfalle-Nudeln
- 2 Frühlingszwiebeln
- 2 Zwiebeln
- 500 g Cherrytomaten

- 1 Schuss Olivenöl
- 1-2 EL Harissa-Paste
- Saft einer Zitrone
- Salz und Pfeffer

Zubereitung:

1. Als Erstes die Nudeln in Salzwasser gar kochen und erkalten lassen.
2. Die Bohnen durch ein Sieb geben und mehrmals waschen.
3. Nun die Frühlingszwiebeln schälen, waschen und in feine Röllchen schneiden.
4. Danach die Zwiebeln schälen und fein hacken.
5. Anschließend die Tomaten waschen, vom Strunk entfernen und vierteln.
6. Alle Zutaten nun in eine Schüssel geben und umrühren.
7. Zum Schluss abschmecken und servieren.

79. Scharfer Kartoffelsalat

Portionen: 4-6 Personen

Zutaten:

- 750-1000 g Kartoffeln
- 3 TL getrockneten Thymian
- 1 Chilischote
- 1 Schuss Speiseöl

- 2 Schalotten
- 1 Zucchini
- Salz und Pfeffer

Zubereitung:

1. Als Erstes die Kartoffel schälen, waschen, in Würfel schneiden und in Salzwasser gar kochen. Anschließend umfüllen und komplett erkalten lassen.
2. Währenddessen den Chili waschen, entkernen und fein hacken.
3. Die Schalotten schälen und in feine Würfel schneiden.
4. Anschließend die Zucchini putzen und ebenfalls würfeln.
5. Zum Schluss alle Zutaten in eine Schale geben, umrühren, abschmecken und servieren.

80. Scharfer Römersalat

Portionen: 4-6 Personen

Zutaten:

- 2 Kopf Römersalat
- 6 Fleischtomaten
- 2 gelbe Paprikaschoten
- 4 Avocados

- 1 EL Harissa-Paste
- 1 Schuss Olivenöl
- Saft einer Zitrone
- Salz und Pfeffer

Zubereitung:

1. Zuerst den Römersalat waschen, den Strunk abschneiden und in Stücke schneiden.
2. Fleischtomaten waschen, vom Strunk entfernen und grob würfeln.
3. Nun die Paprikaschoten waschen, entkernen und in schmale Streifen schneiden.
4. Anschließend die Avocados entkernen und das Fruchtfleisch würfeln.
5. Alle Zutaten nun in eine Schüssel geben und umrühren.
6. Zum Schluss abschmecken und servieren.

81. Schneller Ananas-Römer-Salat

Portionen: 4-6 Personen

Zutaten:

- 2 Köpfe Römersalat
- 1 große Ananas
- 2 Schalotten

- 1 Schuss Olivenöl oder Speiseöl
- Salz und Pfeffer

Zubereitung:

1. Zuerst den Römersalat waschen, den Strunk abtrennen und klein hacken.
2. Die Ananas schälen, putzen und würfeln.
3. Nun die Schalotten schälen und in Ringe schneiden.
4. Zum Schluss alle Zutaten in eine Schüssel geben, umrühren und servieren.

82. Schneller Nudel-Spinat-Salat

Portionen: 4-6 Personen

Zutaten:

- 500 g Babyspinat
- 1 Packung Farfalle-Nudeln
- 2 Schalotten
- 500 g Cherry Tomaten

- 1 Schuss Olivenöl
- Saft einer Zitrone
- Salz und Pfeffer

Zubereitung:

1. Zuerst die Nudeln nach Packungsanweisung kochen und komplett erkalten lassen.
2. In der Zwischenzeit den Spinat waschen.
3. Nun die Schalotten schälen und in Ringe schneiden.
4. Anschließend die Tomaten waschen und halbieren.
5. Alle Zutaten in eine Schüssel geben und umrühren.
6. Zum Schluss abschmecken und servieren.

83. Spargel-Avocado-Salat

Portionen: 4-6 Personen

Zutaten:

- 1 Bund grüner Spargel
- Öl zum Braten
- 7 Avocados
- 1 Bund glatte Petersilie

- 3 Schalotten
- 1 Schuss Olivenöl
- Salz und Pfeffer

Zubereitung:

1. Als Erstes den Spargel putzen und das Ende abbrechen.
2. In einer Pfanne etwas Öl erhitzen, den Spargel darin anbraten und in Stücke schneiden.
3. Nun die Avocados entkernen und das Fruchtfleisch würfeln.
4. Anschließend die Petersilie waschen und fein hacken.
5. Die Schalotten schälen und in Ringe schneiden.
6. Alle Zutaten in eine Schüssel geben und umrühren.
7. Zum Schluss abschmecken und servieren.

84. Spargel-Erdbeer-Salat

Portionen: 4-6 Personen

Zutaten:

- 1 Bund weißer Spargel
- 500-700 g Erdbeeren

- Etwas Pfeffer

Zubereitung:

1. Als Erstes den Spargel schälen, waschen, die Ende abtrennen und in Stücke schneiden.
2. Die Erdbeeren waschen, vom Strunk entfernen, vierteln oder in Scheiben schneiden.
3. Alle Zutaten in eine Schüssel geben, leicht würzen und servieren.

85. Spinat-Dattel-Salat mit Quinoa (scharf)

Portionen: 4-6 Personen

Zutaten:

- 6 Datteln
- 1 Packung Babyspinat
- 2 Tassen Quinoa

- 2 Zwiebeln
- 2 Knoblauchzehen

Für das Dressing:

- 200 ml Speiseöl
- Saft einer Zitrone

- 2 TL Harissa-Paste
- Salz und Pfeffer

Zubereitung:

1. Als Erstes den Quinoa nach Packungsanweisung kochen und erkalten lassen.
2. Den Spinat waschen und putzen.
3. Nun die Zwiebeln schälen, halbieren und in feine Streifen schneiden.
4. Anschließend den Knoblauch schälen und in dünne Scheiben schneiden.
5. Die Datteln entkernen und grob hacken.
6. Für das Dressing werden alle oben genannten Zutaten miteinander vermengt und umgerührt.
7. Zum Schluss alle Zutaten in eine Schüssel geben, umrühren und servieren.

86. Spinat-Feta-Salat mit Oliven und getrockneten Tomaten

Portionen: 4-6 Personen

Zutaten:

- 1 Packung Babyspinat
- 400 g Fetakäse
- 100 g schwarze Oliven (entkernt)
- 6 getrocknete Tomaten
- 2 TL getrockneter Thymian
- 2 TL getrocknetes Rosmarin
- 1 Schuss Olivenöl
- Salz und Pfeffer

Zubereitung:

1. Als Erstes den Spinat waschen und putzen.
2. Den Fetakäse würfeln.
3. Anschließend Oliven und Tomaten grob hacken.
4. Zum Schluss alle Zutaten vermischen, abschmecken und servieren.

87. Spinat-Nudelsalat mit Mandarinen

Portionen: 4-6 Personen

Zutaten:

- 1 Packung Penne Nudeln
- 1 Packung Babyspinat
- 1 Handvoll Rucola
- 2 kleine Dosen Mandarinen
- 1 Handvoll glatte Petersilie
- 1 Schuss Olivenöl
- Salz und Pfeffer

Zubereitung:

1. Zuerst die Nudeln in Salzwasser gar kochen und abkühlen lassen.
2. Spinat und Rucola waschen und putzen.
3. Nun die Mandarinen durch ein Sieb geben.
4. Anschließend die glatte Petersilie waschen und fein hacken.
5. Zum Schluss alle Zutaten vermischen und servieren.

88. Spritziger Frühlingssalat

Portionen: 4-6 Personen

Zutaten:

- 4 Bananen
- 5 grüne Äpfel
- 2 Dosen Mandarinen
- 5 Kiwis

- Saft einer Limette
- 1 Bund frische Minze
- 2 EL Agavendicksaft

Zubereitung:

1. Als Erstes die Bananen schälen und in Scheiben schneiden.
2. Nun die Äpfel waschen, entkernen und in Würfel schneiden.
3. Die Mandarinen aus der Dose nehmen und durch ein Sieb geben.
4. Frische Minze waschen.
5. Anschließend die Kiwis schälen und in Stücke schneiden.
6. Alle Zutaten in eine große Salatschüssel geben und umrühren.
7. Limettensaft und Agavendicksaft dazugeben und erneut umrühren.

89. Süßer Maissalat

Portionen: 4-6 Personen

Zutaten:

- 3 Dosen Mais
- 2 Schalotten
- 2 frische Feigen
- 1 Honigmelone

- 1 Handvoll frische Minze
- 1 Schuss Öl
- Salz und Pfeffer

Zubereitung:

1. Als Erstes den Mais durch ein Sieb geben, mehrmals waschen und abtropfen lassen.
2. Die Schalotten schälen und in Ringe schneiden.
3. Nun die Feigen putzen und grob hacken.
4. Die Honigmelone halbieren, entkernen und das Fruchtfleisch in mundgerechte Würfel schneiden.
5. Anschließend die Minze waschen und fein hacken.
6. Zum Schluss alle Zutaten in eine Schüssel geben, Öl hinzufügen. würzen und servieren.

90. Süßer Möhrensalat

Portionen: 4-6 Personen

Zutaten:

- 500 g Möhren
- 3 Schalotten
- 3-5 EL Agavendicksaft

- 500 g Naturjoghurt
- Salz und Pfeffer

Zubereitung:

1. Zuerst die Möhren schälen, waschen und mit einer Reibe fein raspeln.
2. Die Schalotten schälen, halbieren und in feine Streifen schneiden.
3. Anschließend alle Zutaten in eine Schüssel geben und umrühren.
4. Zum Schluss abschmecken und servieren.

91. Süßer Sauerkrautsalat mit Kichererbsen

Portionen: 4-6 Personen

Zutaten:

- 2 große Gläser Sauerkraut
- 2 Karotten
- 1 Dose Kichererbsen
- 3 EL Honig
- etwas Wasser
- Salz und Pfeffer

Zubereitung:

1. Als Erstes das Sauerkraut kochen und komplett abkühlen lassen.
2. Die Karotten schälen und mit einer Reibe fein raspeln.
3. Nun die Kichererbsen durch ein Sieb geben und mehrmals waschen.
4. Anschließend alle Zutaten in eine Schüssel geben und umrühren.
5. Zum Schluss abschmecken und servieren.

92. Süßer Zwiebelsalat

Portionen: 4-6 Personen

Zutaten:

- 8 Zwiebeln
- 2 Schalotten
- 3 EL Agavendicksaft

- 100 ml Wasser
- 1 Handvoll glatte Petersilie
- Pfeffer

Zubereitung:

1. Zuerst die Zwiebeln und Schalotten schälen und in hauchdünne Ringe schneiden.
2. Die Petersilie waschen und fein hacken.
3. Agavendicksaft und Wasser vermischen.
4. Zum Schluss alle Zutaten miteinander vermengen, umrühren und servieren.

93. Tomatensalat (scharf)

Portionen: 4-6 Personen

Zutaten:

- 750 g Fleischtomaten
- 1 Schuss Olivenöl
- 2 EL Harissa-Paste

- 1 Handvoll glatte Petersilie
- Saft einer halben Zitrone
- Salz und Pfeffer

Zubereitung:

1. Zuerst die Tomaten waschen, vom Strunk entfernen und in Würfel schneiden.
2. Olivenöl, Harissa und Zitrone vorab miteinander vermischen.
3. Die Petersilie waschen und fein hacken.
4. Zum Schluss alle Zutaten in eine Schüssel geben und umrühren.

94. Weintrauben-Salat mit Kiwis

Portionen: 4-6 Personen

Zutaten:

- 500 g helle Weintrauben
- 1 Ananas
- 6 Kiwis

- 350 g Heidelbeeren
- 3 EL Zucker
- Saft einer Zitrone

Zubereitung:

1. Die Weintrauben waschen und halbieren.
2. Nun die Ananas schälen, putzen und in Würfel schneiden.
3. Anschließend die Kiwis schälen und klein würfeln.
4. Heidelbeeren waschen und verlesen.
5. Alle Zutaten nun in eine Salatschüssel geben und umrühren.
6. Zucker und Zitronensaft hinzufügen, erneut vermischen und sofort servieren.

95. Winterlicher Brotsalat

Portionen: 4-6 Personen

Zutaten:

- 600 g Rucola
- 6 Scheiben Toastbrot
- 1 Hokkaido-Kürbis
- 70 g Pinienkerne
- 3 rote Äpfel

- 2 Schalotten
- 50 ml gekühlte Gemüsebrühe
- 3 EL Apfelessig
- 1 Schuss Olivenöl oder Speiseöl
- Salz und Pfeffer

Zubereitung:

1. Zuerst den Ofen auf 200 Grad vorheizen
2. Den Kürbis schälen, gründlich entkernen und in Stücke schneiden.
3. Anschließend den Kürbis auf ein Backblech legen, mit Öl einpinseln, würzen und für etwa 35 Minuten backen. Danach komplett abkühlen lassen.
4. In der Zwischenzeit die Pinienkerne in einer Pfanne rösten.
5. Das Toastbrot in Würfel schneiden und in einer Pfanne ebenfalls anrösten.
6. Die Schalotten schälen und in Ringe schneiden.
7. Nun die Äpfel waschen, entkernen und würfeln.
8. Für das Dressing werden Apfelessig, Gemüsebrühe, Öl, Salz und Pfeffer miteinander vermischt.
9. Zum Schluss alle Zutaten in eine Schüssel geben, umrühren, mit Toastbrot garnieren und servieren.

96. Winterlicher Kürbissalat

Portionen: 4-6 Personen

Zutaten:

- 1 Packung Babyspinat
- 1 Packung Rucola
- 1 Hokkaido Kürbis
- 4 Rote Beete Knollen
  (vorgekocht)

- 1 Schuss Olivenöl
- 1 Knoblauchzehe
- Salz und Pfeffer

Zubereitung:

1. Als Erstes Spinat und Rucola waschen und putzen.
2. Den Kürbis schälen, entkernen und in mundgerechte Würfel schneiden.
3. Nun den Ofen auf 200 Grad vorheizen
4. Den Kürbis auf ein Backblech legen, mit Öl einreiben, würzen und etwa 40 Minuten backen.
5. In der Zwischenzeit die Rote Beete ebenfalls in Würfel schneiden.
6. Knoblauch schälen und Scheiben schneiden.
7. Anschließend alle Zutaten in eine Schüssel geben und umrühren.
8. Zum Schluss abschmecken, mit dem Kürbis garnieren und servieren.

97. Zuckersüßer Obstsalat

Portionen: 4-6 Personen

Zutaten:

- 1 große Dose Pfirsiche
- 1 große Ananas
- 5 Kiwis
- 300 g Heidelbeeren
- etwas Wasser

Zubereitung:

1. Zuerst die Pfirsiche aus der Dose nehmen, in mittelgroße Würfel schneiden und etwas vom Fruchtwasser aufheben.
2. Die Ananas aus der Dose nehmen, in Stücke schneiden, und ebenso etwas Wasser zur Seite stellen.
3. Nun die Kiwis schälen und in Stücke schneiden.
4. Anschließend die Heidelbeeren waschen und verlesen.
5. Alle Zutaten in eine große Salatschüssel geben und umrühren.
6. Falls der Salat zu süß ist, kann man nach Belieben, auch etwas Wasser hinzufügen.

98. Zweierlei Melonensalat

Portionen: 4-6 Personen

Zutaten:

- 1 große Wassermelone
- 1 große Honigmelone

- Agavendicksaft (optional)

Zubereitung:

1. Als Erstes die Wassermelone halbieren und das Fruchtfleisch in gleichmäßige Würfel schneiden.
2. Die Honigmelone ebenfalls halbieren, entkernen und das Fruchtfleisch in kleine Würfel schneiden.
3. Melonen in eine große Salatschüssel geben und vorsichtig vermischen.
4. Eventuell etwas Agavendicksaft hinzufügen und anschließend sofort servieren.

99. Zweierlei Spargelsalat mit Mangos

Portionen: 4-6 Personen

Zutaten:

- 1 Bund grüner Spargel
- 1 Bund weißer Spargel
- 5 Mangos
- 500g Erdbeeren

- 3 EL Honig oder Agavendicksaft
- 100 ml Wasser
- Pfeffer

Zubereitung:

1. Als Erstes den grünen Spargel putzen, die Enden abbrechen und in Stücke schneiden.
2. Nun den weißen Spargel schälen, waschen, die Enden ebenfalls abbrechen und in Stücke schneiden.
3. Die Mangos schälen und das Fruchtfleisch in Streifen schneiden.
4. Anschließend die Erdbeeren waschen, vom Strunk entfernen und in Scheiben schneiden.
5. Alle Zutaten in eine Schüssel geben und umrühren.
6. Honig hinzufügen, gut würzen und servieren.

100. Zwiebel-Orangen-Salat mit Fenchel

Portionen: 4-6 Personen

Zutaten:

- 10 Orangen
- 5 Zwiebeln
- 4 Fenchelknollen

- 1 Schuss Olivenöl
- Pfeffer

Zubereitung:

1. Zuerst die Orangen schälen und das Fruchtfleisch filetieren.
2. Nun die Zwiebeln schälen und in hauchdünne Ringe schneiden.
3. Anschließend den Fenchel waschen, säubern und in Scheiben schneiden
4. Alle Zutaten in eine Schüssel geben und umrühren.
5. Öl hinzufügen, gut würzen und servieren.

Rechtliches und Impressum

Das Werk einschließlich aller Inhalte ist urheberrechtlich geschützt. Der Nachdruck oder Reproduktion, gesamt oder auszugsweise, sowie die Einspeicherung, Verarbeitung, Vervielfältigung und Verbreitung mit Hilfe elektronischer Systeme, gesamt oder auszugsweise, ist ohne schriftliche Genehmigung des Autors untersagt. Alle Übersetzungsrechte vorbehalten.

Die Inhalte dieses Buches wurden anhand von anerkannten Quellen recherchiert und mit hoher Sorgfalt geprüft. Der Autor übernimmt dennoch keinerlei Gewähr für die Aktualität, Richtigkeit und Vollständigkeit der bereitgestellten Informationen.

Haftungsansprüche gegen den Autor, welche sich auf Schäden gesundheitlicher, materieller oder ideeler Art beziehen, die durch Nutzung oder Nichtnutzung der dargebotenen Informationen bzw. durch die Nutzung fehlerhafter und unvollständiger Informationen verursacht wurden, sind grundsätzlich ausgeschlossen, sofern seitens des Autors kein nachweislich vorsätzliches oder grob fahrlässiges Verschulden vorliegt. Dieses Buch ist kein Ersatz für medizinische oder professionelle Beratung und Betreuung.